मेरा नियम

RULE IS A POWER

डॉ आदित्य शर्मा

Made with ♥ on the Notion Press Platform
www.notionpress.com

Dr Aditya Sharma Book Author

क्रम-सूची

भूमिका

डब्ल्यू

अध्याय तीन

आप कब क्या उम्मीद कर सकते हैं

आप इसका इस्तेमाल करते हैं

जब मैंने पहली सुबह नियम का इस्तेमाल किया, तो मैं उतना ही हैरान था जितना कि आप

कुछ बेवकूफ काम किया। पीछे की ओर गिनना? 5- 4- 3- 2- 1...

गंभीरता से? मुझे नहीं पता था कि यह क्यों काम करता है। मुझे पता था कि यह किया था। के लिए मैंने संघर्ष किया था

समय पर जागने के लिए महीनों और अचानक #5SecondRule ने मेरी व्यवहार सरल।

बाद में मुझे पता चला कि जब आप पीछे की ओर गिनते हैं, तो आप मानसिक रूप से गियर बदलते हैं

आपके दिमाग मे। आप अपनी डिफ़ॉल्ट सोच को बाधित करते हैं और वही करते हैं जो मनोवैज्ञानिक कहते हैं

"नियंत्रण का दावा करें।" गिनती आपको आपके बहानों से विचलित करती है और आपका ध्यान केंद्रित करती है

नई दिशा में जाने का मन। जब आप रुकने के बजाय शारीरिक रूप से आगे बढ़ते हैं

सोचने के लिए, आपका शरीर विज्ञान बदल जाता है और आपका दिमाग लाइन में आ जाता है। इस पर शोध करने में

पावती (स्वीकृति)

डब्ल्यू

अध्याय तीन

आप कब क्या उम्मीद कर सकते हैं

आप इसका इस्तेमाल करते हैं

जब मैंने पहली सुबह नियम का इस्तेमाल किया, तो मैं उतना ही हैरान था जितना कि आप

कुछ बेवकूफ काम किया। पीछे की ओर गिनना? 5- 4- 3- 2- 1...

गंभीरता से? मुझे नहीं पता था कि यह क्यों काम करता है। मुझे पता था कि यह किया था। के लिए मैंने संघर्ष किया था

समय पर जागने के लिए महीनों और अचानक #5SecondRule ने मेरी व्यवहार सरल।

बाद में मुझे पता चला कि जब आप पीछे की ओर गिनते हैं, तो आप मानसिक रूप से गियर बदलते हैं

आपके दिमाग मे। आप अपनी डिफ़ॉल्ट सोच को बाधित करते हैं और वही करते हैं जो मनोवैज्ञानिक कहते हैं

"नियंत्रण का दावा करें।" गिनती आपको आपके बहानों से विचलित करती है और आपका ध्यान केंद्रित करती है

नई दिशा में जाने का मन। जब आप रुकने के बजाय शारीरिक रूप से आगे बढ़ते हैं

सोचने के लिए, आपका शरीर विज्ञान बदल जाता है और आपका दिमाग लाइन में आ जाता है। इस पर शोध करने मेंपुस्तक, मैंने पाया कि नियम (आदत अनुसंधान की भाषा में) एक "प्रारंभिक" है

अनुष्ठान" जो प्रीफ्रंटल कॉर्टेक्स को सक्रिय करता है, आपके व्यवहार को बदलने में मदद करता है।

1

5 दूसरा नियम

वाई

अध्याय एक

अपने को बदलने के लिए पांच सेकंड

जीवन

आप कुछ उल्लेखनीय सीखने वाले हैं—इसमें केवल पाँच सेकंड लगते हैं अपना जीवन बदलें। एक नौटंकी की तरह लगता है, है ना? यह। यह विज्ञान है। बीमार

इसे आप साबित करें। आप अपने जीवन को एक बार में पांच सेकंड के फैसले से बदल देते हैं। वास्तव में, यह है

आपके बदलने का एकमात्र तरीका।

यह 5 सेकंड रूल की सच्ची कहानी है: यह क्या है, क्यों काम करता है और कैसे करता है

दुनिया भर के लोगों के जीवन को बदल दिया है। नियम सीखना आसान है और

इसका प्रभाव गहरा है। यह कुछ भी बदलने का रहस्य है। एक बार जब आप नियम सीख लेते हैं,

आप इसे तुरंत इस्तेमाल करना शुरू कर सकते हैं। नियम आपको जीने, प्यार करने, काम करने और बोलने में मदद करेगा

हर दिन अधिक आत्मविश्वास और साहस के साथ। इसे एक बार प्रयोग

करें और यह आपके लिए होगा

जब भी आपको इसकी आवश्यकता हो।मैंने अपने जीवन में ऐसे समय में 5 सेकंड का नियम बनाया जब सब कुछ गिर रहा था

अलग। और हर चीज से मेरा मतलब है कि सब कुछ: मेरी शादी, वित्त, करियर और आत्मसम्मान सभी गटर में थे। मेरी समस्याएं इतनी बड़ी लग रही थीं कि उनमें से प्रत्येक एक संघर्ष था

सुबह सिर्फ बिस्तर से उठने के लिए। वास्तव में इसी तरह से नियम की शुरुआत हुई—मैंने इसका आविष्कार किया

स्नूज़ बटन दबाने की मेरी आदत को तोड़ने में मेरी मदद करने के लिए नियम।

जब मैंने सात साल पहले पहली बार नियम का इस्तेमाल किया, तो मुझे लगा कि यह है

नासमझ। मुझे नहीं पता था कि मैंने एक शक्तिशाली रूपक तकनीक का आविष्कार किया है

मेरे जीवन, कार्य और स्वयं के बारे में पूरी तरह से सब कुछ बदल देगा। 5 सेकंड नियम और की शक्ति की खोज के बाद से मेरे साथ क्या हुआ है पांच सेकंड के फैसले अविश्वसनीय हैं। मैं न केवल उठा—मैंने अपना पूरा शरीर हिला दिया

जीवन। मैंने इस एक उपकरण का उपयोग नियंत्रण लेने और अपने से सब कुछ सुधारने के लिए किया है

मेरे नकदी प्रवाह के प्रति विश्वास, मेरे करियर के लिए मेरी शादी, और मेरे लिए मेरी उत्पादकता

पालन-पोषण। मैं चेक बाउंस होने से लेकर बैंक में सात अंकों तक और से चला गया हूं

शादी के 20 साल पूरे होने का जश्न मनाने के लिए अपने पति से लड़ना। मैंने खुद को ठीक कर लिया है

चिंता, दो छोटे व्यवसायों का निर्माण और बिक्री, पर टीमों में शामिल होने के लिए भर्ती किया गया है

CNN और SUCCESS पत्रिका, और अब मैं सबसे अधिक बुक किए जाने वाले वक्ताओं में से एक हूं

दुनिया। मैंने कभी भी अधिक नियंत्रण, खुश या मुक्त महसूस नहीं किया। मैं कुछ नहीं कर सकता था

इसका नियम के बिना।

5 सेकंड रूल ने सब कुछ बदल दिया... मुझे सिर्फ एक चीज सिखाकर: कैसे बदलें।

नियम का उपयोग करते हुए, मैंने अपनी छोटी से छोटी चाल को पलटने की प्रवृति को बदल दिया

कार्रवाई के प्रति झुकाव। मैंने स्व-निगरानी में महारत हासिल करने और अधिक बनने के लिए नियम का उपयोग किया

वर्तमान और उत्पादक। नियम ने मुझे सिखाया कि कैसे संदेह करना बंद करें और शुरू करें

अपने आप पर, मेरे विचारों और मेरी क्षमताओं पर विश्वास करना। और, नियम ने मुझे अंतर्मन दिया है

दूसरों के लिए नहीं बल्कि मेरे लिए एक बेहतर और ज्यादा खुश व्यक्ति बनने की ताकत।

नियम आपके लिए वही कर सकता है। इसलिए मैं इसे साझा करने के लिए बहुत उत्साहित हूं

तुम। अगले कुछ अध्यायों में, आप नियम के पीछे की कहानी जानेंगे कि यह क्या है, क्यों हैयह काम करता है, और सम्मोहक विज्ञान इसे वापस करने के लिए। आपको पता चलेगा कि पाँच सेकंड कैसे

दैनिक साहस के निर्णय और कार्य आपके जीवन को बदल देते हैं। अंत में, आप सीखेंगे कि कैसे

आप नवीनतम शोध-समर्थित के संयोजन में #5SecondRule का उपयोग कर सकते हैं

काम पर स्वस्थ, खुश और अधिक उत्पादक और प्रभावी बनने की रणनीतियाँ।

आप यह भी सीखेंगे कि चिंता को समाप्त करने, चिंता को प्रबंधित करने, अपने में अर्थ खोजने के लिए इसका उपयोग कैसे करें

जीवन और किसी भी डर को हराया।

और अभी यह समाप्त नहीं हुआ है। आप सबूत देखेंगे। बहुत सारे सबूत।

यह किताब भरी पड़ी है

दुनिया भर के लोगों के सोशल मीडिया पोस्ट और फर्स्ट-हैंड अकाउंट जो हैं

कुछ आश्चर्यजनक चीजें घटित करने के लिए नियम का उपयोग करना। हां, नियम आपकी मदद करेगा

समय पर जागें, लेकिन यह वास्तव में जो करता है वह कहीं अधिक उल्लेखनीय है—यह

आंतरिक प्रतिभा, नेता, रॉक स्टार, एथलीट, कलाकार और परिवर्तन एजेंट को जगाता है

तुम्हारे अंदर।

जब आप पहली बार नियम सीखते हैं, तो संभावना है कि आप अपने लक्ष्यों पर टिके रहने के लिए इसका उपयोग करना शुरू कर देंगे।

आप मार्गरेट की तरह जिम जाने के लिए खुद को आगे बढ़ाने के लिए नियम का इस्तेमाल कर सकते हैं

जब वह "इसे महसूस नहीं कर रही है।"या आप काम पर अधिक प्रभावशाली बनने के लिए नियम का उपयोग कर सकते हैं। कि कैसे

मल ने सबसे पहले नियम का इस्तेमाल किया—अपने बॉस से मिलने और इस बारे में बात करने का साहस खोजने के लिए

उनके करियर के लक्ष्य (ऐसा कुछ जिससे हममें से बहुत से लोग डरते हैं)। नियम के लिए धन्यवाद, यह न केवल

हुआ, लेकिन यह बहुत अच्छा हुआ:यह एक और बात है जो नियम के बारे में अद्वितीय है- हो सकता है कि मैंने इसे बनाया हो, लेकिन यह है सिर्फ मेरी कहानी कहने के लिए नहीं। इस पुस्तक के अंदर, आप दुनिया भर के लोगों से मिलेंगे

जीवन के सभी क्षेत्रों में, जो नियम का उपयोग, बड़े और छोटे तरीकों से, कार्यभार संभालने के लिए कर रहे हैं

उनका जीवन। उनके विविध अनुभव आपको यह समझने में मदद करेंगे कि दुनिया कितनी असीम है

नियम के लिए आवेदन और इसके लाभ वास्तव में हैं।

अधिक उत्पादक बनने के लिए आप नियम का उपयोग कर सकते हैं। 5

सेकंड से पहले

नियम, लौरा अंतहीन टू-डू लिस्ट बनाता था और बहाने बनाने के लिए बैठ जाता था

खुद के लिए एक झटका होना। अब, लौरा के जीवन में बहाने के लिए कोई जगह नहीं है—केवल

कार्य। लौरा ने अपना नकदी प्रवाह $4,000 प्रति माह बढ़ा लिया है, अपनी स्नातक की पढ़ाई पूरी कर ली है

डिग्री, और कुछ 4,000 फुट की बढ़ोतरी की। अगला, मैराथन दौड़ें।आप नियम का उपयोग अपने सुविधा क्षेत्र से बाहर निकलने के लिए कर सकते हैं और बन सकते हैं

नेटवर्किंग में अधिक प्रभावी। केन ने उसी दिन 5 सेकंड रूल का इस्तेमाल किया था

इसे मिलने के लिए परियोजना प्रबंधन संस्थान राष्ट्रीय सम्मेलन में सीखाव्यसन की लड़ाई में नियम भी एक शक्तिशाली उपकरण है और

डिप्रेशन। बिल को रेडिट थ्रेड पर #5सेकंडरूल के बारे में पता चला और वह था

"सही संदेश। सही जगह। सही समय।" उन्होंने नियम के "उलटी गिनती" का उपयोग करना शुरू कर दिया

ट्रिक" शराब छोड़ने के लिए और यह "अद्भुत !!" काम कर रहा है उन्होंने अभी-अभी अपना 40वां जन्मदिन मनाया है

जन्मदिन पूरी तरह से शांत।और हो सकता है कि इससे आपकी जान भी बच जाए। मेरा एक सहकर्मी हाल ही में पहुंचा

बाहर आया और मेरे साथ एक बहुत ही मर्मस्पर्शी #5SecondRule कहानी साझा की। उसके और उसकी पत्नी के बाद

अलग हो गया, वह एक गहरे अवसाद में गिर गया। यह इतना बुरा हो गया कि उसने "आत्महत्या पर विचार किया।"

अपने निम्नतम बिंदु पर, उन्होंने नियम का उपयोग "इसे नीचे रखने और मदद के लिए पुकारने" के लिए किया। ढूँढना

5- 4- 3- 2- 1 गिनकर और फिर मदद के लिए पुकार कर अपने सिर से बाहर निकलने का साहस

उसकी जान बचाई।सात से अधिक वर्षों के लिए नियम का उपयोग करने में, और सभी लोगों से सुनने में

दुनिया, मुझे एहसास हुआ है कि हर दिन हम ऐसे क्षणों का सामना करते हैं जो हैं

कठिन, अनिश्चित और डरावना। आपके जीवन में साहस की आवश्यकता है। और ठीक यही है

नियम आपको खोज करने में मदद करेगा - आपका सबसे बड़ा स्वयं बनने का साहस।

एक साधारण उपकरण इतने सारे में कैसे काम कर सकता है शक्तिशाली तरीके?

बढ़िया सवाल। #5दूसरा नियम केवल एक ही चीज़ पर काम कर रहा है - आप।

आपके अंदर महानता है। यहां तक कि आपके सबसे निचले बिंदु पर भी महानता है।

नियम आपको उस महानता को सुनने की स्पष्टता और उस पर अमल करने का साहस दोनों देगा

यह।

नियम का उपयोग करके, मैंने उन चीजों को करने का साहस खोजा है जो मैंने खर्च की थी

साल सोच रहे हैं और बहाने बना रहे हैं। केवल कार्रवाई के माध्यम से मैंने अनलॉक किया है

मेरे अंदर वह व्यक्ति बनने की शक्ति है जो मैं हमेशा से बनना चाहता था। और

मैं टीवी, ऑनलाइन और मंच पर जो आत्मविश्वास प्रदर्शित करता हूं, उसे मैं "वास्तविक" कहता हूं

आत्मविश्वास।"

मैंने कार्रवाई के साथ अपनी सहज प्रवृत्ति का सम्मान करना सीखकर वास्तविक आत्मविश्वास का निर्माण किया है

कि वे वास्तविक दुनिया में जीवन में आते हैं। मैं जानबूझकर "सम्मान" शब्द का उपयोग करता हूं। वह है

जब आप नियम का उपयोग करते हैं तो आप क्या कर रहे हैं। आप खुद का सम्मान कर रहे हैं। तुम हो

अपने विचारों का समर्थन करना। और हर बार जब आप इसका इस्तेमाल करते हैं, तो आप होने के करीब एक कदम आगे बढ़ते हैं

वह व्यक्ति जिसे आप वास्तव में होना चाहते हैं। मैं उस तरह के व्यक्ति से बदल गया हूं जो

साझा करने, कार्य करने और आगे बढ़ने के लिए आत्मविश्वास रखने के अपने विचारों के बारे में सोचता हूं

उन्हें। यदि आप नियम का लगातार उपयोग करते हैं और आप कार्रवाई के साथ अपनी प्रवृति का सम्मान करते हैं, तो

ठीक वैसा ही परिवर्तन तुम्हारे साथ होगा।

मार्लो ने पता लगाया कि खुद को बदलने के लिए नियम का इस्तेमाल करना कितना आसान है।

नियम सीखने के कुछ दिनों बाद, उसने साइन अप करने के बारे में सोचना बंद करने के लिए इसका इस्तेमाल किया

कक्षाएं और वास्तव में इसे करें, जो कुछ ऐसा था जो वह "लेकिन करना चाहती थी।"

काफी देर तक बहाने बनाता रहा।जैसा कि मार्लो ने कहा, "यह बिल्कुल अविश्वसनीय और विस्मयकारी है कि चीजें कितनी आसान हैं

एक बार जब आप अपने आप को पुश करने की अपनी क्षमता के चारों ओर अपना सिर लपेट लेते हैं।

वह ठीक कह रही है। एक बार जब आप अपने आप को अपने सिर से बाहर धकेलने के लिए नियम का उपयोग करना शुरू कर देते हैं

और कार्रवाई में, आप "आश्चर्यचकित" होंगे कि पांच सेकंड बनाना कितना आसान है

निर्णय जो सब कुछ बदल देता है।

जैसा कि मैंने अपने जीवन में नियम का अधिक से अधिक उपयोग किया, मुझे एहसास हुआ कि मैं छोटा कर रहा था

दिन भर के निर्णयों ने मुझे रोके रखा। पाँच सेकंड में, मैं चुप रहने का फैसला करूँगा,

प्रतीक्षा करने के लिए, और इसे जोखिम में न डालने के लिए। मुझमें अभिनय करने की प्रवृत्ति होगी और पांच सेकंड के भीतर मेरीमन उसे संदेह, बहाने, चिंता या भय से मार डालेगा। मैं समस्या थी और अंदर पाँच सेकंड, मैं अपने आप को आगे बढ़ा सकता था और समाधान बन सकता था। करने का रहस्य

परिवर्तन पूरे समय मेरे चेहरे के ठीक सामने रहा—पाँच सेकंड के निर्णय।

क्या आपने कभी डेविड फोस्टर वालेस का वह प्रसिद्ध दीक्षांत भाषण देखा है

2005 में केन्याई कॉलेज में दिया? यदि आपने यह भाषण नहीं देखा या पढ़ा है, तो आप देख सकते हैं

इसे YouTube पर खोजें और यह निश्चित रूप से देखने में लगने वाले 20 मिनट के लायक है।

इसमें वालेस ने माइक पर कदम रखा और इस मजाक के साथ शुरुआत की:

ये दो युवा मछलियाँ साथ-साथ तैर रही हैं, और वे दूसरी तरह से तैरती हुई एक बूढ़ी मछली से मिलती हैं, जो सिर हिलाती है

उन पर और कहते हैं, "सुबह, लड़कों, पानी कैसा है?"

और दो युवा मछलियाँ थोड़ी देर के लिए तैरती हैं, और फिर अंततः उनमें से एक दूसरे की ओर देखती है और जाती है, “क्या

पानी क्या है?”

आप वीडियो में दर्शकों को हंसते हुए सुन सकते हैं, और फिर वालेस बताते हैं

मछली की कहानी का तात्कालिक बिंदु यह है कि "सबसे स्पष्ट, महत्वपूर्ण वास्तविकताएं अक्सर होती हैं

जिन्हें देखना और उनके बारे में बात करना सबसे कठिन है।"

मेरे लिए, बदलाव को देखना और उसके बारे में बात करना सबसे मुश्किल काम था

अपने आप। मैं हमेशा सोचता था कि खुद से ऐसा करना इतना कठिन क्यों है

ऐसी चीजें जो मैं जानता था कि मुझे अपने करियर का विस्तार करने के

लिए करना चाहिए, मुझे समृद्ध करना चाहिए

रिश्ते, स्वस्थ बनें, और मेरे जीवन में सुधार करें। का पता लगाना

#5SecondRule ने मुझे मिलियन-डॉलर का जवाब दिया- परिवर्तन नीचे आता है

पाँच सेकंड के निर्णय लेने के लिए आपको हर दिन साहस की आवश्यकता होती हैआप एक निर्णय से पूरी तरह दूर हैं

अलग जीवन

इस पुस्तक के अंदर, मैं वह सब कुछ साझा करने जा रहा हूँ जो मैंने परिवर्तन के बारे में सीखा है

और रोजमर्रा के साहस की शक्ति। आप जो करने वाले हैं उससे आप प्यार करने जा रहे हैं

सीखना। सबसे अच्छा हिस्सा तब होगा जब आप नियम का उपयोग करना शुरू करेंगे और परिणाम देखेंगे

स्वयं। आप न केवल जागेंगे और महसूस करेंगे कि आपने खुद को कितना संभाला है

पीछे। आप उस शक्ति को भी जगाएंगे जो आपके अंदर हमेशा से रही है। जैसा कि आप इन पृष्ठों के अंदर की कहानियों को पढ़ते हैं, आपको यह भी पता चल सकता है कि आपने किया है

पहले #5SecondRule का उपयोग किया। यदि आप अपने जीवन को पीछे देखते हैं और कुछ पर विचार करते हैं

सबसे महत्वपूर्ण क्षणों में, मैं गारंटी देता हूं कि आपने जीवन बदल दिया है

विशुद्ध रूप से वृत्ति पर निर्णय। पाँच सेकंड के फ्लैट में, आपने बनाया, जिसे मैं "हार्ट-फ़र्स्ट" कहता हूँ

फेसला।" आपने अपने डर को नजरअंदाज किया और अपने साहस और आत्मविश्वास को बोलने दिया

तेरे लिए। पांच सेकंड के साहस से सारा फर्क पड़ता है।

बस कैथरीन से पूछो। जब उसने पहली बार #5दूसरे नियम के बारे में सीखा

कंपनी के कार्यकारी नेतृत्व ऑफसाइट, इसने उसे एहसास कराया कि

उसने नियम का उपयोग किया था

उसके जीवन के सबसे महत्वपूर्ण निर्णयों में से एक लें- उसे अभी इसका एहसास नहीं हुआ

समय। 1990 में, उसकी बहन ट्रेसी की हत्या कर दी गई और कैथरीन अपने घर वापस चली गई

मदद। तभी "एक 5 सेकंड के फैसले" ने न केवल उसके जीवन को बदल दिया "बल्कि बहुत सारे

दूसरों को भी। उसने अपनी बहन के "दो छोटे बच्चों" को पालने का फैसला किया, जो "छोड़ गए" थे

पीछे "जब ट्रेसी की मृत्यु हो गई।मैं प्यार करता हूँ कि वह कैसे निर्णय का वर्णन "नो ब्रेनर" के रूप में करती है - क्योंकि जब आप कार्य करते हैं साहस के साथ, आपका दिमाग शामिल नहीं होता है। आपका दिल पहले बोलता है और आप सुनते हैं।

नियम आपको सिखाएगा कि कैसे।

क्या आपको अपने भीतर की शक्ति को खोजने में कुछ प्रयास करने होंगे? हां ये

मर्जी। लेकिन जैसा कि कुछ ही पृष्ठ पहले मार्लो ने कहा था, "जब आप करते हैं तो यह बिल्कुल अविश्वसनीय और आश्चर्यजनक है कि चीजें कितनी आसान हो जाती हैं"।

अपने जीवन को बेहतर बनाने के लिए कार्य करना सरल है, आप इसे कर सकते हैं, और यह आपके लिए कार्य है

करना चाहते हैं — क्योंकि यह सबसे महत्वपूर्ण कार्य है जो वहाँ है। का काम है

सीखना कैसे प्यार करना है और खुद पर भरोसा करना है ताकि इंतजार करना बंद हो जाए और झुकना शुरू हो जाए

आपके जीवन, काम और रिश्तों में मौजूद सभी जादू, अवसर और आनंद में

देने के लिए।

जब आप इसका उपयोग करना शुरू करते हैं तो क्या होता है, यह सुनने के लिए मैं बहुत उत्साहित हूं

#5दूसरा नियम। लेकिन मैं कहानी के आगे कूद रहा हूं। इससे पहले कि हम सभी के बारे में बात कर सकें

रोमांचक तरीके जिनसे आप नियम का उपयोग कर सकते हैं, मुझे आपको 2009 में वापस ले जाने की आवश्यकता है और

समझाएं कि यह सब कैसे शुरू हुआ।

2

मैंने 5 की खोज कैसे की दूसरा नियम

टी

अध्याय दो

मैंने 5 की खोज कैसे की

दूसरा नियम

यह सब 2009 में शुरू हुआ। मैं 41 साल का था और कुछ बड़ी समस्याओं का सामना कर रहा था

पैसे, काम और मेरी शादी के साथ। जैसे ही मैं हर सुबह उठा, मैंने जो महसूस किया वह डरावना था।

क्या आपने कभी इस तरह से सोचा है? यह सबसे खराब है। अलार्म बजता है, और आप बस नहीं करते

उठने और दिन का सामना करने का मन करता है। या, आप रात को अपने सिर के बल जागते हैं

कताई के रूप में आप अपनी सभी समस्याओं के बारे में चिंता करते हैं।

वह मैं था। महीनों तक, मैं अपनी समस्याओं से इतना अभिभूत महसूस करता था कि मैं

मुश्किल से बिस्तर से बाहर निकल सका। सुबह 6 बजे जब अलार्म बजता तो मैं वहीं लेट जाता

आने वाले दिन के बारे में सोचें, घर पर ग्रहणाधिकार, ऋणात्मक खाता शेष, मेरेअसफल करियर, मैंने अपने पति को कितना नाराज किया ... और फिर मैं झपकी ले लेती

बटन। एक बार नहीं, बार-बार।

शुरुआत में, यह कोई बड़ी बात नहीं थी, लेकिन जैसा कि किसी भी बुरी आदत के साथ होता है

समय बीतता गया, यह एक बहुत बड़ी समस्या में बदल गया जिसने मेरे पूरे जीवन को प्रभावित किया

दिन। अंतत: जब तक मैं उठा, बच्चों की बस छूट चुकी थी और मुझे लगा जैसे मैं था

जीवन में असफल होना। मैंने अपने अधिकांश दिन थके हुए, देर से चलने और पूरी तरह से महसूस करने में बिताए

भावविह्वल।

मुझे यह भी नहीं पता कि यह कैसे शुरू हुआ- मुझे बस इतना याद है कि सभी हार गए

समय। मेरी प्रोफेशनल लाइफ गटर में थी। पिछले 12 वर्षों में, मैं बदल गया था

करियर इतनी बार कि मैं कई व्यक्तित्व विकसित कर रहा था। स्नातक के बाद

लॉ स्कूल से, मैंने अपना करियर लीगल एड क्रिमिनल के लिए एक पब्लिक डिफेंडर के रूप में शुरू किया

एनवाईसी में रक्षा सोसायटी। फिर मैं अपने पति क्रिस से मिली और हमने शादी कर ली

एमबीए करने के लिए बोस्टन चला गया। बोस्टन में, मैंने पागलों की तरह काम किया

एक बड़ी लॉ फर्म के लिए घंटे और हर समय दयनीय था।

जब हमारी बेटी का जन्म हुआ, तो मैंने अपने मातृत्व अवकाश का उपयोग नई नौकरी की तलाश में किया

और बोस्टन स्टार्टअप दृश्य में उतरा। मैंने इस दौरान कई टेक स्टार्टअप्स के लिए काम किया

वह साल। यह मजेदार था और मैंने बहुत कुछ सीखा लेकिन मुझे कभी नहीं लगा कि तकनीक सही थी

मेरे लिए करियर।

मैंने "मेरे जीवन के साथ क्या करना है" यह पता लगाने में मेरी मदद करने के लिए एक कोच को काम पर रखा है। ए के साथ काम करना

कोच ने मुझे एक बनने के लिए प्रेरित किया। इसलिए, बहुत से लोगों की तरह, मैंने भी उस दौरान काम किया

दिन, जब मैं घर गया तो बच्चों पर ध्यान केंद्रित किया, और फिर मैंने रात में पढ़ाई की

प्रमाणीकरण मुझे चाहिए। आखिरकार, मैंने एक कोचिंग व्यवसाय शुरू किया। मैं इसे प्यार करता था, और मैं

शायद अब भी कर रहे होते अगर मीडिया ने नहीं बुलाया होता।

मेरा मीडिया कैरियर एक अस्थायी के रूप में शुरू हुआ: इंक। पत्रिका ने एक लेख प्रकाशित किया

मेरे कोचिंग व्यवसाय और CNBC के एक कार्यकारी ने इसे देखा और कॉल किया। उस एक कॉल का नेतृत्व किया

ढेर सारी मीटिंग्स के लिए। महीनों के प्रयास के बाद, मैं एक "विकास सौदा" के साथ उतरा

एबीसी और सीरियस पर एक कॉल-इन रेडियो शो।फैंसी लगता है, लेकिन यह नहीं था। मैं उस सबसे विकास को जानकर हैरान था

सौदे कुछ भी नहीं देते हैं और रेडियो उससे भी कम भुगतान करता है। वास्तव में, मैं ए

तीन बच्चों की मां NYC में आगे-पीछे ड्राइविंग कर रही हैं, दोस्तों के सोफे पर सो रही हैं

शहर, कोचिंग क्लाइंट सिरों को पूरा करने के लिए बहुत अधिक झुके हुए हैं

चाइल्डकैअर अंतराल को भरने के लिए दोस्तों और परिवार, और इसे बनाने के लिए मैं जो कुछ भी कर सकता था, कर रहा था

सारा काम।

कई वर्षों तक मीडिया व्यवसाय में काम करने के बाद, मुझे अपना "बड़ा

ब्रेक" मिला। मैं

फॉक्स के लिए एक रियलिटी शो की मेजबानी के लिए कास्ट किया गया था। मेरे पास जादुई रूप से सभी को हल करने के सपने थे

टीवी स्टार बनकर हमारी आर्थिक समस्याएं। क्या मजाक। हमने कुछ एपिसोड शूट किए

समवन गॉट्टा गो नामक शो का, और फिर नेटवर्क ने शो को पेश किया। एक में

तत्काल, मेरा मीडिया करियर समाप्त हो गया। अगर हम शूटिंग कर रहे थे तो मुझे केवल भुगतान मिला। मैं

मैंने खुद को बेरोजगार पाया और दस महीने के लिए एक अनुबंध में बंद कर दिया जो रोक दिया

मुझे दूसरी मीडिया जॉब करने से।

इस बिंदु तक, क्रिस ने अपना एमबीए पूरा कर लिया था और एक पतली परत वाला पिज्जा शुरू कर दिया था

बोस्टन क्षेत्र में अपने सबसे अच्छे दोस्त के साथ रेस्तरां। शुरुआत में चीजें थीं

अच्छा जा रहा है। पहला स्थान होम रन था, कंपनी ने बेस्ट ऑफ जीता बोस्टन ™, कई क्षेत्रीय पुरस्कार और पिज्जा शानदार था। उन्होंने ए खोला

दूसरा रेस्तरां और, एक बड़ी किराने की श्रृंखला के प्रोत्साहन पर, एक थोक

कार्यवाही। बाहर से ऐसा लग रहा था कि कारोबार फलफूल रहा है। लेकिन संतुलन पर

चादर, पहिए निकलने लगे थे। वे बहुत तेजी से फैल गए थे।

दूसरा रेस्तरां विफल हो गया और थोक व्यापार को बढ़ने के लिए अधिक नकदी की आवश्यकता थी।

चीजें बहुत तेजी से डरावनी हो गईं।

बहुत सारे छोटे व्यापार मालिकों की तरह, हमने अपनी होम इक्विटी लाइन डाली थी और

रेस्तरां व्यवसाय में जीवन बचत और यह अब हमारे सामने गायब हो

रहा था

आंखें। हमारे पास कोई बचत नहीं बची थी और होम इक्विटी लाइन को पूरी तरह से टैप कर दिया गया था। हफ्तों

क्रिस भुगतान किए बिना चला गया। हमारे घर पर ग्रहणियां लगने लगीं।मेरे काम से बाहर होने और क्रिस के व्यवसाय के संघर्ष के साथ, वित्तीय दबाव

घुड़सवार; ऐसा लगता था कि वकीलों के डरावने पत्र रोजाना आते हैं और लगातार जांच करते हैं

बाउंस। कलेक्शन कॉल्स इतनी अनवरत थीं कि हमने फोन को अनप्लग कर दिया।

जब मेरे पिताजी ने हमें बंधक को कवर करने के लिए पैसे भेजे, तो मैं आभारी और दोनों था

शर्मिंदा।

सार्वजनिक रूप से, हमने दिखावे को बनाए रखने की कोशिश की क्योंकि इतने सारे दोस्त और परिवार

सदस्यों ने रेस्तरां व्यवसाय में निवेश किया था, जिसने केवल दबाव बनाया

और भी बुरा। क्रिस और उसका साथी इसे बचाने के लिए दिन-रात काम कर रहे थे। मैंने कोशिश कि

एक उत्साहित बहाना रखो, लेकिन अंदर से मैं अभिभूत, शर्मिंदा, और था

भयभीत। हमारी वित्तीय समस्याएं हमें अलग कर रही थीं। मैंने रेस्तरां को दोषी ठहराया और

उन्होंने मुझे मीडिया व्यवसाय में करियर बनाने के लिए दोषी ठहराया। सच में, हम दोनों थे

आरोप।

आपका जीवन कितना भी बुरा क्यों न लगे, आप इसे हमेशा बदतर बना सकते हैं। मैंने किया। मैं

बहुत ज्यादा पी लिया। बहुत ज्यादा। मुझे उन दोस्तों से जलन होती थी जिन्हें काम नहीं करना पड़ता था। मैं

कुटिल और न्यायिक था। हमारी परेशानियां इतनी बड़ी लग रही थीं कि मैंने खुद को मना लिया

मैं कुछ नहीं कर सकता था। इस बीच, सार्वजनिक रूप से, मैंने सिर्फ दिखावा किया कि सब कुछ था

बढ़िया।

पिछली दृष्टि में, मैं देख सकता हूं कि अपने लिए खेद महसूस करना और दोष देना आसान था

क्रिस और उनके संघर्षपूर्ण व्यवसाय को आईने में देखने और खुद को खींचने की तुलना में

साथ में। मुझे कैसा लगा इसका वर्णन करने का सबसे अच्छा तरीका "फंस गया" था। मैं अपने द्वारा फंसा हुआ महसूस कर रहा था

जीवन और मेरे द्वारा किए गए निर्णय। मैं अपनी पैसे की समस्याओं से फंसा हुआ महसूस कर रहा था। और मुझे लगा

अपने आप से एक निराशाजनक संघर्ष में फँस गया।

मुझे पता था कि चीजों को बेहतर बनाने के लिए मुझे क्या करना चाहिए या क्या कर सकता हूं, लेकिन मैं नहीं कर सका

मुझे उन चीजों को करने दो। वे छोटी-छोटी बातें थीं: समय पर उठना, होना

क्रिस के लिए अच्छा, दोस्तों से समर्थन प्राप्त करना, कम पीना और बेहतर देखभाल करना

खुद। लेकिन यह जानना कि आपको क्या करने की आवश्यकता है, बदलाव लाने के लिए पर्याप्त नहीं है।मैं व्यायाम करने के बारे में सोचूंगा, लेकिन मैं नहीं करूंगा। मैं एक दोस्त को बुलाने पर विचार करूंगा

बात करने के लिए, लेकिन मैंने नहीं किया। मुझे पता था कि अगर मैंने मीडिया उद्योग के बाहर नौकरी खोजने की कोशिश की

इससे मदद मिलेगी, लेकिन मैं खुद को देखने के लिए प्रेरित नहीं कर सका। मैं सहज महसूस नहीं कर रहा था

लोगों को कोचिंग देने के लिए वापस जा रहा हूं क्योंकि मुझे खुद ऐसी असफलता महसूस हुई।

मुझे पता था कि मुझे क्या करना है लेकिन मैं अपने आप को कार्रवाई

करने के लिए मजबूर नहीं कर सका। और वह है

वह चीज़ जो इतना कठिन परिवर्तन करती है। बदलाव के लिए जरूरी है कि आप ऐसे काम करें जो आपको महसूस हों

कठिन और डरावना। परिवर्तन के लिए साहस और आत्मविश्वास की आवश्यकता होती है- और मुझे इससे बाहर कर दिया गया

दोनों।

मैंने जो किया वह सोचने में बहुत समय लगा। सोच ने सब कुछ बना दिया

और भी बुरा। जितना अधिक मैं उस स्थिति के बारे में सोचता था जिसमें हम थे, उतना ही अधिक मैं डरता था

महसूस किया। जब आप समस्याओं पर ध्यान केंद्रित करते हैं तो आपका मन यही करता है—यह उन्हें बड़ा कर देता है।

जितना अधिक मैं चिंतित होता, उतना ही अधिक अनिश्चित और अभिभूत होता गया। जितना अधिक मैं

सोचा, मैं और अधिक लकवाग्रस्त महसूस कर रहा था।

हर रात, मुझे बढ़त लेने के लिए कुछ पेय मिलते। मैं नशे में बिस्तर पर चढ़ जाता

या गुलजार, मेरी आँखें बंद करो, और एक अलग जीवन के बारे में सपना देखो - एक जहाँ मेरे पास नहीं था

काम करने के लिए और हमारी सभी समस्याएं जादुई रूप से गायब हो गई थीं। जिस क्षण मैं उठा

ऊपर, मुझे वास्तविकता का सामना करना पड़ा: मेरा जीवन एक दुःस्वप्न था। मैं 41 वर्ष का था, बेरोजगार, वित्तीय में

बर्बाद हो गया, पीने की समस्या से जूझ रहा था, और अपने या अपने पर विश्वास नहीं था

हमारी समस्याओं को ठीक करने के लिए पति की क्षमता।

यहीं से स्नूज़ बटन आया। मैंने इसे मारा ... दो, तीन, या चार बार

प्रभात। जब मैंने उस स्नूज़ बटन को मारा तो वह हर दिन एक क्षण था जहाँ मैं

वास्तव में ऐसा लगा जैसे मैं नियंत्रण में था। यह अवज्ञा का कार्य था।

यह ऐसा था जैसे मैं था

कह रही है,

"अरे हां?! वह लो, जीवन! **** तुम! मैं अभी नहीं उठ रहा हूँ, मैं वापस सोने जा रहा हूँ। इसलिए वहाँ!"

जब तक मैं आखिरकार उठा, क्रिस पहले ही रेस्तरां, बच्चों के लिए निकल चुका था

पोशाक की विभिन्न अवस्थाओं में थे, और स्कूल बस काफी पहले जा चुकी थी। सुबह कहने के लिएअराजक थे इसे विनम्रता से डाल रहे होंगे। वे एक ट्रेन मलबे थे। हम हमेशा थे

स्वर्गीय। जैसे ही हम बाहर निकले मैं लंच, बैकपैक, जिम बैग और अनुमति पर्ची भूल गया

दरवाजा। मैंने हर दिन जितनी गेंदों को गिराया उससे मुझे शर्मिंदगी महसूस हुई। लग रहा है कि

शर्म करो मुझे और भी किनारे कर दो।

और यहाँ किकर है: मुझे पता था कि मुझे अपना दिन ठीक से शुरू करने के लिए क्या करना होगा। मैं

समय पर उठना, नाश्ता बनाना और बच्चों को बस में बिठाना ज़रूरी था। तब मैं

नौकरी की तलाश करने की जरूरत है। ऐसा नहीं है कि मुझे माउंट एवरेस्ट पर चढ़ना था। हालांकि

तथ्य यह है कि यह साधारण सामान था, वास्तव में इसे और भी बदतर बना दिया। मेरे पास इसके लिए कोई वैध बहाना नहीं था

मैं इसे क्यों नहीं कर सका।

मेरा आत्मविश्वास एक मौत के सर्पिल में था। अगर मैं समय पर उठ भी नहीं पाया तो कैसे

बड़ा आर्थिक और विवाह ठीक करने के लिए क्या मैं अपने आप में विश्वास रख सकता था

क्रिस और मैंने जिन समस्याओं का सामना किया? पीछे मुड़कर देखता हूं, तो मैं देख सकता हूं कि मैं उम्मीद खो रहा था।

क्या आपने कभी गौर किया है कि छोटी-छोटी चीजें इतनी कठिन कैसे

महसूस कर सकती हैं? सुना है
आप हजारों में से, मुझे पता है कि मैं इस पर अकेला नहीं हूं। कठिन की
सूची
चीजें आश्चर्यजनक रूप से सार्वभौमिक हैं:
सभा में बोलते हुए
सकारात्मक रहना
फ़ैसला करना
के लिए समय ढूंढ रहे हैं
स्वयं
फीडबैक मांग रहे हैं
अपना हाथ उठाना
बढ़ाने की मांग कर रहा है
आत्म-संदेह को समाप्त करना
अपने पर काम कर रहा है
फिर शुरू करना
"भेजें" को हिट करना
ईमेल
अपनी योजना पर अडिग
घर छोड़ना
पहले जाने के लिए स्वेच्छा से
एक पुनर्मिलन में दिखा रहा है
सामाजिक पर एक पूर्व को अवरुद्ध करना
मीडिया
आप किसी से बात कर रहे हैं
आकर्षक खोजें
डांस पर कदम रखना
मंज़िल
अपने काम का प्रकाशन
जिम जाना
मॉडरेशन में भोजन करना

इंकार करना"

मदद के लिए पूछना

अपने गार्ड को नीचा दिखाना

मान रहे हैं कि आप गलत हैं

सुनना

मेरे मामले में, यह समय पर उठ रहा था। हर रात बिस्तर पर पड़ा रहता, मैं बना देता

खुद से वादा करता हूं कि कल मैं बदलूंगा:

कल, मैं बदल दूंगा। कल, मैं पहले उठूंगा। कल, मेरा रवैया बेहतर होगा और मैं थोड़ी और मेहनत करूंगा।

मैं जिम जाऊँगा। मैं अपने पति के लिए अच्छा रहूंगी। मैं स्वस्थ खाऊंगा। मैं इतना नहीं पीऊंगा। कल मैं भविष्य मैं बनूंगा!

और मन में उस दृष्टि और आशा से भरे दिल के साथ, मैंने अपना अलार्म 6 के लिए सेट किया था

हूँ और अपनी आँखें बंद कर लेता हूँ। और यह सिलसिला अगली सुबह ही शुरू हो जाएगा। जैसे ही

जैसे ही वह अलार्म बजा, मुझे "भविष्य का मेरा" जैसा महसूस नहीं हुआ। मुझे ऐसा लगा जैसे मैं बूढ़ा हूं, और यह

बूढ़ा मैं सोना चाहता था।

हां, मैंने उठने के बारे में सोचा, और फिर मैं झिझकती, लुढ़क जाती अलार्म, और स्नूज़ बटन दबाएं। मुझे खुद से बात करने में केवल पाँच सेकंड लगे

इसमें से।

मेरे बिस्तर से न उठने का कारण सरल था: मुझे बस ऐसा महसूस नहीं हुआ। मैं

बाद में मुझे पता चला कि मैं उस चीज़ में फंस गया था जिसे शोधकर्ता "आदत का पाश" कहते हैं। मैंने मारा था

स्नूज़ बटन इतनी सारी सुबह एक पंक्ति में व्यवहार अब एक बंद लूप था

पैटर्न मेरे दिमाग में एन्कोड किया गया।

फिर एक रात सब कुछ बदल गया।

मैं टीवी बंद करने ही वाली थी कि तभी एक टेलीविजन विज्ञापन आ गया मेरा ध्यान खींचा। वहाँ स्क्रीन पर एक रॉकेट लॉन्चिंग की छवि थी। मैं प्रसिद्ध अंतिम पांच सेकंड की उलटी गिनती सुन सकता था, 5- 4- 3- 2- 1, आग और धुआं

स्क्रीन भर दी, और शटल लॉन्च हो गई।

मैंने मन ही मन सोचा, "बस, मैं कल अपने आप को बिस्तर से उठा लूँगा...राकेट की तरह। बीमार

इतनी तेजी से आगे बढ़ो मेरे पास इससे खुद से बात करने का समय नहीं होगा। यह सिर्फ एक वृत्ति थी। एक कि मैं

आसानी से बर्खास्त कर सकते थे। सौभाग्य से, मैंने नहीं किया। मैंने उस पर कार्रवाई की।

सच तो यह है कि मैं हमारी समस्याओं का समाधान करना चाहता था। मैं अपना नष्ट नहीं करना चाहता था

शादी करो या दुनिया की सबसे खराब माँ की तरह महसूस करो। मैं आर्थिक रूप से बनना चाहता था

सुरक्षित। मैं फिर से खुद को खुश और गौरवान्वित महसूस करना चाहता था।और मैं सख्त रूप से बदलना चाहता था। मैंने अभी नहीं किया तकनीकी जानकारी।

और यह मेरी कहानी का एक महत्वपूर्ण बिंदु है। खुद को लॉन्च करने की यह वृत्ति

बिस्तर की मेरी आंतरिक बुद्धि बात कर रही थी। इसे सुनना एक टिपिंग पॉइंट था। इसका पालन कर रहे हैं

निर्देश जीवन बदलने वाला था। आपका मस्तिष्क और आपका शरीर आपको जागने के संकेत भेजते हैं

ऊपर और ध्यान देना। बिस्तर से खुद को लॉन्च करने का यह विचार किसका उदाहरण है?

वह। आपकी सहज प्रवृत्ति इस समय बेवकूफी भरी लग सकती है, लेकिन जब आप उनका सम्मान करते हैं

जानबूझकर कार्रवाई के साथ, यह आपके जीवन को बदल सकता है।

इस बिंदु पर सिर्फ वाक्यांश की तुलना में आपकी प्रवृति पर अभिनय करने के बारे में और भी बहुत कुछ है

"मन पर भरोसा रखो।" के साथ साझेदारी में एरिज़ोना विश्वविद्यालय से नया शोध

कॉर्नेल और ड्यूक ने दिखाया है कि आपके बीच एक शक्तिशाली संबंध है

मस्तिष्क और कार्य करने की आपकी वृति। जब आप एक लक्ष्य निर्धारित करते हैं, तो आपका मस्तिष्क कार्यों की एक सूची खोलता है। जब भी आप उन चीजों के पास होते हैं जो आपको उन लक्ष्यों को प्राप्त करने में मदद कर सकती हैं, तो आपका दिमाग तेज हो जाता है

उस लक्ष्य को पूरा करने के लिए संकेत देने के लिए अपनी प्रवृति को बढ़ाएं। मैं आपको एक उदाहरण देता हूं।

मान लीजिए कि आपके पास स्वस्थ होने का लक्ष्य है। यदि आप एक लिविंग रूम में चलते हैं,

कुछ नहीं होता। हालांकि, अगर आप जिम के सामने से गुजरते हैं, तो आपका प्रीफ्रंटल कॉर्टेक्स चमकने लगता है

क्योंकि आप स्वस्थ होने से जुड़ी किसी चीज़ के करीब हैं। जैसे ही आप जिम पास करते हैं,

आपको ऐसा लगेगा कि आपको व्यायाम करना चाहिए। यह एक वृति है जो आपको लक्ष्य की याद दिलाती है।

यह आपका आंतरिक ज्ञान है, और इस पर ध्यान देना महत्वपूर्ण है, इससे कोई फर्क नहीं पड़ता

छोटी या मूर्खतापूर्ण वह वृति लग सकती है।

अवचेतन रूप से, मेरा मस्तिष्क मुझे इस रॉकेट लॉन्च पर ध्यान देने का संकेत दे रहा था

टीवी पर। उस पाँच सेकंड के क्षण में, मेरा मस्तिष्क मुझे बहुत स्पष्ट सेट भेज रहा था

निर्देश:

उस रॉकेट लॉन्च पर ध्यान दें, मेल। विचार को पकड़ो। इसमें भरोसा रखो। और करो। रुको मत सोचो। बात मत करो

अपने आप को इससे बाहर। मेल, कल अपने आप को बिस्तर से बाहर लॉन्च करें।

यह उन चीजों में से एक है जो मैंने #5सेकंडरूल का उपयोग करके सीखा है। जब वह आएगा

लक्ष्यों, सपनों और अपने जीवन को बदलने के लिए, आपका आंतरिक ज्ञान एक प्रतिभा है। आपका मार्गदर्शन करने के लिए आपके लक्ष्य संबंधी आवेग, आग्रह और वृत्ति मौजूद हैं। आपको सीखने की जरूरत है उन पर शर्त लगाओ। क्योंकि, जैसा कि इतिहास साबित करता है, आप कभी नहीं जान पाएंगे कि आप कब सबसे महान हैं

यदि आप अपने आप पर भरोसा करते हैं तो प्रेरणा हड़ताल करेगी और वह खोज आपको कहां ले जाएगी

उस पर कार्रवाई करने के लिए पर्याप्त।इस तरह दुनिया के कुछ सबसे उपयोगी आविष्कार खोजे गए। में

1826, जॉन वॉकर ने माचिस की तीली की खोज की जब वह एक बर्तन को हिलाने के लिए एक छड़ी का उपयोग कर रहा था

रसायन, और जब उसने अंत से एक गॉब को कुरेदने की कोशिश की - तो यह प्रज्वलित हो गया। उसने पीछा किया

इसे फिर से बनाने की कोशिश करने की उनकी सहज प्रवृत्ति और इस तरह उन्होंने मैच की खोज की। 1941 में,

जॉर्ज डे मेस्ट्रल ने वेल्क्रो® का आविष्कार यह देखने के बाद किया कि कॉकलेबर कितनी आसानी से जुड़ जाते हैं

उसके कुत्ते के फर के लिए। 1974 में, आर्ट फ्राई को पोस्ट-इट® नोट के लिए विचार आया क्योंकि वह

एक बुकमार्क की जरूरत थी जो रविवार तक उनके भजन के एक पृष्ठ पर बना रहेगा

चर्च सेवा, लेकिन जब वह इसे हटा देगा तो पृष्ठों को नुकसान नहीं होगा। फ्रैपुचिनो का जन्म भी इसी तरह हुआ था। 1992 में, ए में एक सहायक प्रबंधक

सांता मोनिका में स्टारबक्स ने देखा कि जब भी बाहर गर्मी होती थी तो बिक्री गिर जाती थी।

उसके पास एक फ्रोजन ड्रिंक बनाने की प्रवृति थी और उसने ब्लेंडर के लिए कहा,

व्यंजनों के साथ छेड़छाड़ करना और उपराष्ट्रपति को एक नमूना देना। पहला फ्राप्पुकिनो

एक साल बाद अपने स्टोर में लुढ़का।

जब बदलाव, लक्ष्यों और सपनों की बात आती है तो आपको खुद पर दांव लगाना होता है। उस

शर्त बदलने की वृति को सुनने और कार्रवाई के साथ उस वृति का सम्मान करने के साथ शुरू होती है।

मैं बहुत आभारी महसूस करता हूं कि मैंने खुद को लॉन्च करने के बारे में अपने बेवकूफी भरे विचार को सुना

एक रॉकेट की तरह बिस्तर क्योंकि इसके परिणामस्वरूप मेरे जीवन में सब कुछ बदल गया। यहाँ क्या है

हुआ:

अगले दिन सुबह 6 बजे अलार्म बजा और सबसे पहली चीज जो मुझे महसूस हुई वह थी डर। यह

अंधेरा था। ठंडा था। बोस्टन में सर्दी थी और मैं उठना नहीं चाहता था। मैं रॉकेट लॉन्च के बारे में सोचा और मुझे तुरंत लगा कि यह बेवकूफी है। तब मैंकुछ ऐसा किया जो मैंने पहले कभी नहीं किया था—मैंने इस बात पर ध्यान नहीं दिया कि मुझे कैसा लगा। मैंने नहीं सोचा।

मैंने वही किया जो करने की जरूरत थी

स्नूज बटन दबाने के बजाय मैंने गिनना शुरू कर दिया।

पीछे की ओर।